005 겨울

겨울을 담은 시집

마음

하진용	명소민	박현진
윈터	김기봉	황예현
시글하다	목희우	김담우
이지아	숨이톡	Ello
문병열	장미영	황엽
이정현	리시아	청하나
윤나영	찹쌀뱁새	연이글
은후	윤제	보고쓰다
김용기	최이서	광현
이민호	고태호	지은지
bluecoke	현정아	이충호
이겸	최영준	강대진
0526	졸음	정오
lilylove	동형	이하은
삼육오이사	님차	꿈꾸라
윤슬	도헉	하연
윤태건	심결	박규열
김여진	솔글쟁이	오렌지옴
김혜워	임마후티비	유아름

겨울을 담은 시집

2024년 12월

겨울을 담은 시집

겨울을 담은 시 하진용　　　　　　　　14
마지막눈 윈터　　　　　　　　　　　15
어느 역에서 시글하다　　　　　　　16
눈이 오잖아 이지아　　　　　　　　18
내리는 눈을 맞으며 문병열　　　　19
겨우 울었네 이정현　　　　　　　　20
눈꽃 아래, 나는 윤나영　　　　　　22
해토머리는 머풀러를 풀어내렸다 은후　　23
여우눈 김용기　　　　　　　　　　24
여름을 삼켜도 입김으로 나오는 마술 이민호　26
재회 bluecoke　　　　　　　　　　　27
첫눈 이겸　　　　　　　　　　　　28
겨울 속 추억 0526　　　　　　　　30
겨울나기 lilylove　　　　　　　　　31

눈사람도 영원한 사랑을 할 수 있다 삼육오이사	32
겨울 윤슬	34
따스한 겨울, 차가운 봄 윤태건	35
친애하는 겨울에게 김여진	36
겨울날 (아빠 생각) 김혜원	38
하얀 선 너머 명소민	40
겨울 본다 2 김기봉	41
붉은 겨울 목희우	42
눈사람 숨이톡	44
겨울 장님 장미영	46
마주친 그 날 리시아	47
눈꽃 찹쌀뱁새	48
눈송이 윤제	50
눈꽃 최이서	52

그 겨울 참 춥더라 고태호	53
목련 현정아	54
피움의 형태 최영준	56
이시간의 이름은 겨울 졸음	57
눈 동형	58
얼음아 님차	60
스노우볼 도혁	61
서리 내린 목소리 심결	62
겨울 위로 솔글쟁이	64
겨울이었다 엄마후티비	65
너를 그린다 박현진	66
무른 믿음 황예현	68
영원 소망 질병 김담우	70
푸른 점 Ello	71

크리스마스 하우스 황엽	72
눈이불 청하나	74
흰 눈 연이글	75
겨울에 두고 간 것들 보고쓰다	76
겨울 다시 겨울 광현	78
따뜻한 모닥불 지은지	79
겨울 아이 이충호	80
눈 강대진	82
겨울나기 정오	84
애별리고 이하은	86
천공 꿈꾸라	87
겨울의 끝자락에서 하연	88
초겨울 밤의 꿈 박규열	90
겨울에서의 마무리 오렌지윰	91

이제서야 보내드립니다 유아름   92

겨울이란?   94

작가명은 작품 첫 장의 쪽 번호 옆에 표기하였습니다.

겨울을 담은 시집

겨울을 담은 시

겨울이 쓴 시를
너에게 보내다가
서로 얼은 손을 잡으며
호수 주변을 걷던 추억에 빠졌다

어색하게 마주 잡은
손가락 사이로
수줍은 마음이 전해지는 걸까
손이 따뜻해졌다

나를 녹이는 너의 손과
무심하게 떨어지는 첫눈 사이에
너를 사랑한 추억은
아직 녹지 않은 눈으로 남아 있다

마지막눈

첫눈이 내리고 막이 오르면
어여쁜 겨울이었지
땅을 향해 첫발을 내딛는 순간부터
마지막 걸음까지
너는 항상 예뻤어
바람에 실려 흩날릴 때도
땅을 데구루루 구를 때도
그 향기 그 모습 보며 내가 살았어
햇빛에 죽어가는 너의 눈물까지도
끝까지 기억할게
마지막눈이 내리고 막이 내리면
일 년을 꼬박 기다릴게
내년에도 꼭 찾아와주렴

어느 역에서

사람보다 바람이 자주 드나드는
승강장의 첫 발자국은 밤에 새겨진다
눈이 덮은 세상에는 의자도 난로도 없다

다녀가는 모든 것은 머무르듯
몸을 뉘일수도 녹일 수도 없는 이유는
지금이 그러해야 하는 자리이기 때문이다

찬 숨이 스미면
속숨이 부어오르는 것은 무슨 까닭인지
한 숨은 대답 없이 바깥을 닮고

아리다

이미 있는 흰 세상과
희어지는 하나와
사라지기를 기다리는 발자국

계절은 누구보다 먼저 와서 늦게 떠나고
바람의 스침을 부끄러워 한 시인이 떠오르고
주머니로부터 구겨진 안부가 나린다

지금은 눈이 푹푹 나린다
발목이 묻히면 꼴이 나무와 닮아가는지
슬슬 바람이 사람 같이 온다

다 묻힐 이곳에도

푹푹

눈이 오잖아

눈이 올 때면 너를 떠올리곤 해

새하얀 눈밭 위에 가장 먼저 발자국을 새기려
달려 나가던 네 모습이 보이는 것 같아서

눈이 올 때면 가끔 뒤로 걷곤 해

앞에 찍힌 발자국을 따라가면
네가 있을 것 같아서

그렇게 눈이 올 때마다 나는
네가 곁에 있던 그때로 다시 돌아가곤 해

내리는 눈을 맞으며

내리는 눈을 맞으며
이런 생각을 했다

조금 더 다정할 걸
조금 더 따뜻할 걸
조금 더 많은 추억을 만들 걸
조금 더 사랑한다 말해줄 걸

그때에 하지 못한 조금 더가
눈처럼 쌓여
지금 내 마음에 밟힌다

겨우 울었네

겨우내
겨우 울었네

흘러 흘러 꽃에 눈이 슬면
겨우 울어 겨울이죠

도로 가두리는 거뭇거뭇
도시의 실체는 검대요

거릴 걸으며
떠올리죠 떠날 것을

도시를 벗어나야지
참으로 쓸쓸한 곳

쓸데없이
쓸모를 찾는 이들

이를 데 없이
안아줘야 하는데

위로는 서투르지만
그럼에도 서두르지 말죠

오리온자리 아래
그림이 되네 한 폭의

눈꽃 아래, 나는

다채로운 색들이 바람 따라 흩날리고
무채색의 나만 남았다

가슴 시리게 스며드는 찬바람도 반갑게
마른 가지 사이로 날리는 눈

어깨 위로 내려앉아 무거워지고, 무거워져서
걸음도 힘겨워질 만큼 하염없이 내리면
모든 것이 하얗게 덮일까

봄을 기다리지 않아도
새로운 그림을 그릴 수 있기를
하늘을 올려다보며 그렇게 기다린다

해토머리는 머풀러를 풀어내렸다

유난히 시퍼런 눈빛을
휘둘렀던 지난 겨울에

좁아든 심장은 아직도
접힌 나즈막한 목소리

기도 묻은 고랑 사이로
온정 살살 얹어주면은

꽁꽁 언 그도 돌아설까

합장 후 마중물 바라기

여우눈

첫눈 오는 맑은 밤
시베리아 향 따라
손 타는 법을 안내하러
여우 한 마리가 내려왔다
첫눈 빛이 이마에 입 맞추고
첫 눈빛에 얼굴이 달궈졌다

솜털 안기
꼬리를 달랑이며
유일하게 알려준
따뜻해지는 억지

털이불 안고 눈 떠보니
솜털이 겨울을 따라갔다

여우가 떠난 자리
함께 만든 눈사람 얼굴에
빨간 낙엽으로 눈을 그렸다

배운 대로 겨울에는
나는 꼬리 안고 버텼다

매년 부는 풀 냄새 따라
사라진 자리 바라보던
토끼 한 마리가 웅크려 있고
맑은 밤
하얗게 그을려 죽은 몸 위로
마지막 눈이 쌓인다

오늘 밤에 비가 내리면
눈사람 녹은 자리
달아오른 이파리가 남는다

여름을 삼켜도 입김으로 나오는 마술

함박눈이 쌓일 때면, 세상은 의사 가운으로 덮인 것 같아서 숨 쉴 때마다 소독제 향이 코를 찔러요 누군가는 이를 겨울 냄새라고 하는데 술을 마시지 않아도 괜히 알딸딸해져서 하얗고 긴긴 병동 복도를 눈덩이처럼 걷는데요 천장에 형광등은 죽었다가, 살았다가, 환자밥은 밍밍해서 굶다가, 먹다가 주사 맞을 시간이라면서 제 팔뚝을 소독솜으로 문지르면서, 간호사가 좋아하는 팔뚝이네, 왜, 정맥이 잘 보여서, 이 정도면 눈 감고도 넣을 수 있겠다, 나도 눈감고도 넣을 수 있는데, 있었는데, 눈감고도 넣을 수 있을 정도로 했었는데, 팔뚝에 튀어나온 핏줄을 자장가로 재우듯 손가락으로 쓰다듬어주던 너를 삼키고, 이곳은 의사 가운으로 덮인 것 같아서 담배를 끊어도 입안에서

연기가 계속 나와요 선생님

겨울이잖아요, 겨울

아

재회

날이 빠르긴 빠른 가봐
꽃이 피던 봄날도 그렇고
무덥던 한여름도 그렇고
어느새 쌀쌀해진 가을철을 넘어서
벌써 겨울이 오고 있잖아
나의 마음은 아직 여전히 그대로인데
날이 빠르긴 빠른 가봐
네가 없는데도
시간은 흐르고 계절도 따라 변하고
그래서 말인데
우리 첫눈이 오면 다시 만날까
그동안 하지 못했던 말들 나누며
여태껏 숨겨 두었던 말들 꺼내며
우리 다시 한번 만날까
내 마음은 아직 여전히 그대로라
너의 마음만 나쁘지가 않다면야
우리 첫눈이 오면 다시 만날까
우리 다시 한번 만날래

첫눈

유난히 시렸던 겨울이 지나 벌써 봄이네.

첫눈이 오면 아이처럼 좋아했던,
너의 미소가 떠오르는 날이야.

여기저기에서 봄꽃이 만개했다는 들뜬 소식들이 들려.
듣고 싶은 너의 소식은 안 들리고

내 마음은 아직 봄을 맞을 준비를 못 했는데
이리저리 하얗게 봄비가 내려.

너도 나처럼 여름보단 겨울을 좋아했었는데
그래서 내가 겨울에서만 살고 싶은 건 가봐.

걱정은 안 해도 돼.
나 원래 겨울 좋아하잖아.

잡아줄 손 하나 없어도 괜찮아.
꿈에서는 네가 손 꼭 잡아줄 것 같으니까.
기다리느라 고생했다고 꼬옥 안아줄 것 같으니까.

매년 첫눈만큼은 같이 맞자고 했던 말이 귓가에 맴돌아.

근데 있잖아,
네가 같이 맞자고 했던 첫눈은 영원히 오지 않겠지만

난 또 봄을 지나고, 여름은 견디고, 가을을 쓸쓸해하면
다시 우리가 좋아하던 겨울이 올 거라 믿으니까 괜찮아.

정말이야,
항상 마음은 겨울에 머물러 있을게.

언제든지 돌아와도 돼.
기억이 흐릿해지지 않게 매일매일 기억하고 곱씹을게.

잠깐이어도 괜찮으니까,
너는 그냥 첫눈처럼 소문 없이 다시 찾아와 줄래?

겨울 속 추억

눈 내리는 날
눈을 맞으며
추억을 그린다

너와 함께 걷던 카페거리
너와 함께 만들던 눈사람
너와 함께 앉던 의자까지

얼마나 좋았던지
얼마나 그립던지
눈물이 나네

허나 이제는 나 혼자
허나 이제는 내 곁에 없는 너
그렇기에 나 그저
추억을 그리며
홀로 이 춥디 추운 겨울을
거닐 뿐이네

겨울나기

푸르렀던 잎들이 하나둘 떨어지고
앙상한 나뭇가지들만...
그 위에
깊게 겨울이 내려 앉았다.

매서운 바람에 이리저리 흔들리는
쓸쓸한 나뭇가지들의
처절한 몸부림이
너무 애처로워 보인다.

어느새
앙상한 나뭇가지들 위에
새하얗고 깨끗한 눈꽃들이 피어
절경을 이룬다.

이렇게
앙상한 나뭇가지들의
겨울나기가 시작되었나보다.

눈사람도 영원한 사랑을 할 수 있다

겨울이야
이대로 세상이 멈췄으면 해
그대의 그림자를 얼려
펜던트 만들고 목에 걸었다

목걸이에 입을 맞출 때
딱 그대 맛이 나
차갑고, 서로를 베껴 낸, 그런

있지
난
우리의 겨울이
더욱 찬란한 것이었으면 좋겠다
색이 없는 것도
색이 있는 것이라는 걸
세상에 알려주자

무색의 세상에 박힌
그대란 사람이 곧 색인 것을

눈밭 위
제일 화려한 옷 걸치고 서 있다
꽃들과 함께 사라져보자
내 사랑

그렇게 우린 이 겨울에서 영원할 서아

겨울

내 겨울은 너무 차가워서
모든 것을 얼리기만해
한겨울 바람맞으며
꽁꽁 언손 녹일수 없던 그날
그겨울에서 멈춰 있던 내 겨울

따뜻한 봄이와도
내 겨울만은 사계절 내내 모든 것을 얼리지

너는 겨울에도 따뜻하다고 말해
포근히 감싸주는 집이 있다고
나에겐 너무 차가운 저 하얀 눈도
너에겐 나무를 감싸주는 이불이야

나에겐 너무나 차가운 겨울 칼바람도
너는 그래서 우리가 더 가까워질수 있다고 말해

너의 겨울은
차가운 내 마음까지
감싸 안으려해

따스한 겨울, 차가운 봄

이토록 겨울을 기다려 본 적이 없다

차가운 침묵 속에서만이
너와의 시간은 얼어붙고
그 기억은 눈 아래 덮일 수 있기에

겨울의 냉혹함 속에서만 모든 감정은 멈추고
아픔도, 미련도 고요 속에 묻혀간다

그러나 영원한 겨울은 없다

그 후에 올 봄의 숨결이
잠든 기억을 깨울 것을 알기에,
따스한 바람이 모든 것을 녹여
다시금 고통을 흩날릴 것을 알기에

이토록 봄이 두려웠던 적이 없다

친애하는 겨울에게

봄이 지나가는 자리마다
꽃잎이 조용히 내려앉았더랬지요

여름이 지나가는 자리마다
땀방울, 빗방울들이 앉았다가 갔대요

가을이 지나가는 자리마다
알록달록 낙엽이 별이 지듯이 내리고 있어요

계절이 지나는 문턱에서
이렇게 글을 띄워봅니다

겨울, 그대가 지나는 자리마다
마음 시린이에게는
포근한 눈꽃송이를 내려주고
마음 아린이에게는
바람 없는 진눈깨비를 내려주고
마음 어두운이에게는
온통 새하얀 함박눈을 내려주어요

그대가 나리는 눈으로

지친 마음 보담아주고

잠시라도 미소띄게 하여주어요

겨울날 (아빠 생각)

알록달록했던 단풍이
낙엽이 되고,
낙엽이 소용돌이치며
찬바람에 날아가면
겨울이 오지요.

그렇게 겨울이 오면
금방 매서운 바람이
창문을 두드리곤,
언제 그랬냐는 듯
하늘에선 하얀
눈이 내리지요

그때 저 멀리
아이들이 하하 호호
하얀 눈을 굴리며
눈사람을 만들지요

눈사람은 오늘도 어설프지요
그래도 언제나 웃고 있는 이유
때 묻지 않은 순수한 아이들과
함께이기 때문이지요

마음 편하지 않은 날이 없어
얼굴에 주름 없기 때문이지요

바람 잘 날 없어
주름 많던 아빠 생각나
더욱 미안해지는
겨울날이지요

하얀 선 너머

해발 천 미터,
나무들은 조용히 멈춰 서고
너와 나만의 경계가 그어진다.
그 너머엔 차가운 숨결만이
하얀 어깨 위로 내려앉는다.

바람은 속삭이며
잃어버린 사랑의 기억을 전하고,
희미한 스키 자국은
너와 나의 발걸음을 가르며
달빛 속에 은은히 스며들고 사라진다.
누군가 지나간 이 고요한 설원에
오직 추억만이 영원을 새긴다.

나무는 멈췄지만,
우리의 마음은 멈추지 않았다.
하얀 산, 저 높은 곳에선
바람과 눈만이 우리를 감싸는 법.

겨울 본다 2

올라가는 조급함 다가온다
눈 찍인 덮인 땅만 만난다
꽃가루 나무 오른편 왼편 날려
거듭 걷는다 올라간다
어깨 건 저 멀리
산자락 자락들
잠시 멍

숨 쉴 때 마다
코 속 정수리 마저 날라간다
김 서린 앞 뿌옇다
걷는다 내려온다
마음 풀려 올려

비로소 겨울하늘 들어온다

붉은 겨울

차디찬 공기에도
너는 아롱지게 영글었다

작고 붉은 꽃송이
여름내 달아오른 뜨거움 품고
차가운 바람에 몸을 맡긴다

너의 계절 이미 지났건만
어떤 이유인지
겨울 문턱을 겨우 넘었구나

숨죽인 초록들이
너를 조심스레 바라본다

너는 시린 겨울
누구 마음 매혹하려
수줍은 얼굴 내미는가

앙상한 은행나무
하얀 침묵에 들 때
붉은 너는 소리 없이 피었구나

오랜 장고(長考) 끝
기지개 켜고 눈 뜬 계절에
쓸쓸함이 묻어 있어도
지금이 너의 시절인 것을

너는 늦봄의 화려함과
여름의 뜨거움과
가을의 알싸함을 머금고서
차가운 공기를 안았다

사철을 품은
너의 옷은 더 붉고
정신은 단단하며
영혼은 더 곱게 빛난다

너의 가냘픈 붉음은
한껏 얼어붙은 세상 덥힐
꺼지지 않는 불씨인 것을

그 자리에
그렇게
어여쁘기를

눈사람

별을 사랑하여
오만가지 변덕을 부려도 보고
한 사람을 사랑하여
쏟아지는 눈꽃을 내 안에 둔다.

피어오른 송이마다 마음 꽃 되어
살결 닿는 찬바람도 녹아버리고
눈처럼 예쁜 눈이 등불이 되면
곱게 다문 입술로 녹아내린다.

보고 싶어 목말랐던 마음 하나도
캄캄해진 어두운 밤을 홀로 지켰고
종일 내린 눈 사이로 네 하얀 마음
돌아서는 길 몰라 감싸안았다.

두 팔 벌린 손가락에 약속을 걸고
하얀 꽃이 마음속 향기로 남아
순해지고 깊어지는 소망 녹인다.
오만가지 마음으로 고인 내 안에

마음 하나 얻지 못한 쌀쌀한 볕도
나 홀로 우뚝 선 눈사람에게
내려오는 송이 마다 포개어져서
쌓여가는 눈꽃이 사랑이 된다.

겨울 장님

찬 바람이 귀 끝을 물어본다,
"홀로 어디를 가는가?"
하늘은 무심히 고개를 돌리고,
강물은 입술을 깨문 채 걸어간다.

앞이 보이지 않아도
발자국은 하나로 이어진다.
저마다 흔적을 남기지만,
누구도 그 끝을 본 적 없으니.

길은 눈 속에 묻혀도,
두려워 말라.
시간이 길을 열면
너와 나, 그 끝에 닿으리라.

마주친 그 날

나의 모든 순간을 마주친 그 날
나와 또 다른 내가 마주친 그 날
모든 사실을 알게 된 그 날

그 날, 모든 것들을 다시 깨달았다
나를 사랑하는 그의 모습까지 모두,
그 겨울 날은 내게 또 다른 세상을 보여주었다

희고도 선한 세상과 깜깜하지만 아름다운 광경을
모두가 어우러져 잘 살아가는 것 같았지만
나였기에 그럴 수 있었다는 그의 진심과 진실을

눈꽃

눈꽃이 당신에게 닿으면
금세 녹아내리는 것처럼,
제 마음도 그렇게 사라지고 싶습니다.

차가운 바람 속에 감춰둔
애틋한 마음은
당신의 따스함 앞에 한줌의 수증기로 사라집니다.

당신의 미소는 온기를 담고
제 가슴을 녹이지만,
그 순간의 찰나에만 존재할 뿐
영원히 머물지 못하는 걸 알게 됩니다.

사랑은 아프고,
당신을 향한 그리움은 깊어져 가고,
눈꽃처럼 부서져서
흩날리며 사라지길 바라지만,
여전히 당신을 바라보며
그리움을 마음에 품고 있습니다.

하늘이 어두운건 제 눈물을 가려주기 위함이겠죠.
하지만 괜찮습니다
당신이 눈꽃이 휘날리는 모습을 보며
행복해하셨으니까요.

눈송이

너라는 눈꽃이 내렸다
그럴 리 없는데
5월에도 겨울이 오나 보다

예쁘게 빛났다
멍하니 바라보았다, 넋을 놓고
진짜
진짜 예뻤다

손을 잡았다
떨리는 숨결
눈송이는 예쁜 얼굴을 붉히며 빛났다
수줍어하던 너
정말
정말 예뻤다

지구가 태양을 한 걸음씩
감싸고 돌자, 여름이 다가왔다
괜찮아
눈송이와 함께라면
어디서든 언제든

내가 지켜줄 거야, 녹지 않게
깊이
깊이 사랑했다

녹아내렸다
그럴 리 없는데
7월에도 겨울이 오나보다
8월에도 9월에도 시린 마음은 끝나지 않나 보다
너무 세게 쥐었던 탓일까
눈송이는
작은 물방울의 흔적만을 두고 떠났다
너의 흔적은 어느새 나의 눈물 되어
온몸 깊이 적신다

지구가 태양을 한 바퀴
감싸고 돌아 다시 겨울이 오면
눈송이가 내릴까, 너를 닮은 눈송이일까
너무
너무 아팠다

눈꽃

하늘의 바람이 그대라면
나는 그 바람에 흩날리는 하얀 눈꽃
아득하기만 한 그리운
그대 옆에 머물고 싶은

나무가 그대라면
나는 나무 덮은 눈꽃
그대에게 내려앉아
그대 옆에 기대어 있고 싶은

하얀 눈이 내린 겨울밤 별이 그대라면
그대의
환한 빛으로 물들어

끝없이 내리는 새하얀 눈꽃 사이
그대 곁에 살포시 내려앉아

너 하나에 행복한
그냥 너를 사랑하는 나로
하얀 눈보다 투명한
너에게 눈꽃이고 싶다

그 겨울 참 춥더라

흰 눈이 덮인 그 자리에는
차가움을 견디는 작은 꽃
하나가 있다

홀로 추위와 고독을 삼켜
아무한테 내뱉지 않는
그 꽃 한송이에는 나름의
삶이 담겨있다

아무리 처량해보여도 꽃은
잘 참아내더라

아픔도 미련도 곱씹지만
잃지 않는 본연의 순수함으로
세상의 모든 시련을 버텨나간다

목련

십이월을 따라
떨구는 나뭇잎
차가운 바람결
모퉁이를 돌고

비어진 가지 끝
꽃눈 방울방울
오랜 기다림이
이슬처럼 피다

작고 앙증맞은
가느다란 눈물
새하얀 솜털을
가슴으로 품어

여리지만 강한
작지만 커다란
온정의 힘으로
겨우 내내 지켜

온 우주 담아낸
또 하나의 세상
펼쳐질 꽃망울
내일의 새로움

피움의 형태

끝이 무엇을 피우는 시간인지를
생각한 적이 없을지도 모른다는
말을 깨는 시간이었다

산속의 신호등들이 완성되어
1년간 잠들었던 기억들이 깨는
시간, 어딘가에서 깬 기억들은
바퀴 자국조차 보이지 않아

다시 나체로 잠든 지 오래인 듯
산속 신호등의 마지막 색깔들은
소리 없이 떨어질 수 없었음에도
볼 수 없었던 필 시기의 위로

진작에 피어서 번졌다고 말하듯
뽀득대며 올라오는 유해 사이로
아작거림이 고개를 내밀고 있어
손에 묻은 바닥 일부분을 불었다

기다림을 전하듯 뿌리를 내리는
몇 개의 꽃들 사이를 스치며
기억은 하얀색 목표를 걸쳤다

이시간의 이름은 겨울

검푸른 핏줄 속을 흐르는
붉은 피의 온도가 내려가니
마음의 창에 성에가 끼고

이제 시작하는 계절이
끝나버린 계절에게 하는
얼어버린 그 인사가
시나브로 창에 새겨진다.

투명한 글씨 사이로 보이는
그 세상이 아름다울수록,
아직은 뜨거운 발바닥이
바닥에 차오르는 한기를 막아도
봄은 아직 멀었다는 것.

이 시간의 이름은 겨울,
손가락 끝에 닿은 하늘이
언제나 차가운 시간이기에
잔뜩 웅크린 가슴으로
마음껏 가을을 그리워할 수 있겠다.

눈

눈이 내린다 눈이 내린다
하이얀 눈이 내린다

백설기처럼 포슬거리는
하이얀 눈이 내린다

거품처럼 퐁퐁거리는
하이얀 눈이 내린다

아름다운 눈송이에 나도 모르게
취한 듯 손을 뻗으면

온데간데 흔적도 없이 사라지는
하이얀 눈이 내린다

눈송이야 눈송이야
하이얀 눈송이야

무엇이 그리 급하다고 빨리 저무느냐

눈송이야 눈송이야
하이얀 눈송이야

무슨 일이길래 그리 흔적도 없이 사라지느냐

눈이 내린다 눈이 내린다
하이얀 눈이 내린다

잡아도 잡히지 않는
떠나간 임을 닮은

하이얀 눈이 내린다.

얼음아

얼음아 언제 녹아?
나 하나로는 부족한 거야?

네 곁에 있으면 추워.
나보다 네가 더 춥겠지만.
네 곁에 있으면 슬퍼.
나보다 네가 더 슬프겠지만.

그래서 난 네 곁에 남아
너를 녹여주고 싶어.
그런데 나 하나로는 부족한 거야?
언제쯤 녹아 네게 봄이 올까,
찬찬히 생각하곤 해.

스노우볼

나의 여기는 언제나 함박눈이 내린다
맑은 얼음벽
너머로 너는 손 흔들고
너로 인해 나는 생애를 휘청인다

갇혀 있는 한 세계는 멸망하지 않는다
여기는 소리가 새어 나지 않는 겨울
나는 허공에 대고 너의 이름을 영원히 부를 것이다

서리 내린 목소리

마주 앉았다
흰 돌과 검은 돌을 겹치는 선 위에 올려
받아쓰던 나의 사랑스러운 결핍

그대에게 묻은
쓰라린 푸른 빛에 말은 없었고
내리는 비는 그칠 줄 모른다

어린 나만 집 안에 놔두고
다들 밖으로 나가더라, 절대 나오지 말래
몰래 창문으로 고개 내밀어 쳐다보는데
글쎄, 별똥별이 사방으로 날아다니는 거야
장롱 이불 속에 꼭꼭 숨어들어
오들오들 떨었더랬지

나의 첫 이야기꾼은 어디서
뱃고동을 삼켰는지 고막을 울린다
서리 내린 목소리로 전해져 내려오는
그것을 입안 가득 넣어준다
덤빌 수 없는 온도에 닿아 뿜어져 나오는
향긋한 내음 들이마시니 애처롭고도 서글프다

아무리 불러도 되돌아보지 않는 메아리는
여백의 침묵일까 보이지 않는
잔재의 폐허일까

겨울 위로

내 마음 닮아가는 희뿌연 하늘아래,
알아주듯 펑펑 울던 눈이 좋았어.
이제야 이유 없이 시려도 괜찮은
쌀쌀맞은 겨울이 내게 온 거야.

온기 없는 차가움에
얼어붙은 내 입술도,
두꺼운 외투 위로
시크해진 그 표정도,
찬바람에 쓸린 듯
글썽이는 눈시울도,
터져 나온 한숨도
입김으로 숨겨주며,
홀로이 외롭지 말게 다가와준 겨울 같아.

그 바람에 들키지 않게 울어도 봤어.
겨울 어깨에 기대 실컷 울고 나니,
코끝 찡하게 시린 계절은
내겐, 웃어야 할 봄이었더라.

PS. 겨울은 길고...
    봄이 짧은 이유를 이제야 알았어.

겨울이었다

겨울이었다

맑은 눈동자로 빤히 바라보며
늘 괜찮냐고 물었다
안괜찮은 삶에 봄이 오는
소리가 들리는

겨울이었다

커다란 바지 구멍 사이로 붉게 물든
그의 무릎팍이 시려보인다
가느다란 손가락을 잡고싶은
달려가 품에 와락 안고싶은

겨울이었다

영하의 온도에 입김이 모락 나는
둘의 입술이 포개진다
장판 바닥 그안이 우리 세상이던
매서운 계절에도 품안에 봄이 피던

너랑 나의
계절이었다

너를 그린다

묵향이 하얀 길 위에 깊숙이 스며져간다
가슬가슬한 붓 끝에 먹물 한 모금을 적셨다
먹빛 얼음 꽃이 떨어져
휘몰아치는 겨울바람에 말없이 퍼져 나간다

잠시 눈을 감았다
그리고 눈을 떴다
붓의 영혼이 된바람에 부딪혀
이리저리 내 안을 훑고 지나간다

여린 눈꽃들이 잔광에 흩날리며
짙은 침묵의 바람이 지나간다
흩어져가는 바람결 사이에
침묵의 메아리가 다시 돌아온다

여백의 모퉁이
잿빛의 얼어붙은 산과 들
눈이 덮어버린
무색의 세상에
먹의 침묵만이 더해간다

놓아버린 침묵
놓쳐버린 침묵
하얀 눈 속에
너를 덮는다

무른 믿음

아무것도 더럽히지 않은 눈 뭉치 위에 낙서와
눈사람 목에 둘러놓은 무책임한 훈기는
묵묵히 미움을 실격시키고

이불 속에 웅크려 별을 헤아리는 미련함과
그렁그렁한 눈끝부터 시린 코끝까지
당연함 속으로 숨어들었다

주머니 깊숙이 넣은 손이 빈손이라 해도
벌게진 손은 무색해서가 아니고

뒤따르거나 앞질러도
걸음이 엉켜 설원에 뒹굴어도
미움은 목격자가 아니다

지는 것에 대한 순종과
피어나는 것에 대한 동경을
애써 소명하지 않아도 되는
유일한 계절에

미움받아 마땅한 것은 아무것도 없다는
거르고 걸러 만든 무른 믿음이
제법 웃자랐다

기어이 적막을 깨고 막연함을 넘어가니
이 소란을 그저 그러려니 한다

영원 소망 질병

계절의 끝자락
눈이 내리고 거리는 노래로 가득 차고
난 함부로 사랑을 읽는다
근데 넌 겨울을 좋아하지 않는다고 했다
공기가 차가워서 아프다고 했다

부재의 환상통만 자리하고
잔잔한 풍경화를 그리고

서사의 시작점
역설을 사랑하고 믿음을 가벼이 하고 싶은 계절
감히 너와 영원을 약속하고 싶은 계절이야
색깔을 모조리 잃고 스며들게 한다
그래도 될까요

아름다운 원인의 전구가 날 감싼다
화려하고 단순한 패턴의 알 수 없는 반복이 정신을 혼란하게 하고
소원을 빌어보았는데
언니는 스스로가 스스로의 구원이 되어야 한다고 했다

푸른 점

엊그제에는 눈이 내렸다.

치운 적 없는 눈이 아직도 집 앞에 쌓여있다.

모든 걸 걸어 잠그고 누웠다.

여긴 손만 뻗으면 모든 것이 닿는 자리다.

다만 이젠 세상 어디에서도 네가 닿지 않음을 안다.

그제서야 공허에 짓눌려있던 집이 넓어진다.

커튼 사이로 새벽의 끝을 기다리는 샛별이 보인다.

고작 한 줄기 태양 빛에 샛별이 지레 겁을 먹는 동안

나는 고작 한줄기 눈물에도 탈진했다.

그래서 그 샛별을 눈에 담아놓고 오래도록 숨을 참았다.

크리스마스 하우스

지금보다 더 큰 집으로 가고 싶어요

지금 집은 우리가 알 수 없는 춤을 추기에 충분히 넓어요

지금 집은 얼어붙은 몸을 녹이기에 충분히 따뜻해요

지금 집이 우리의 사랑을 품기에 조금 좁나 싶다가도

공간의 크기는 제약이 될 수 없다 싶었어요

하지만 당신은 이 세상에 내가 없다면

크리스마스를 가장 기다릴 것을 알아요

11월 25일부터 트리를 꾸미기 시작하고

매년 새로운 장식을 장만하는 당신이

한 데 모아놓은 트리 장식 박스는 터질 지경이잖아요

그래서 지금보다 더 큰 집으로 가고 싶어요

더 큰 집으로 가서 겨울만한 트리를 세우고 싶어요

겨울만한 트리를 세워서 봄을 기다리는 꽃의 표정을 보고 싶어요

눈이불

발등을 타고 올라와
어깨에 앉은 겨울은
작은 목소리로 속삭였다

무채색의 말들은
가장 아픈 무기가 되어
몇 번이고 날을 세웠다

겨울로부터 숨기 위해
나는 눈을 찾아 나섰다

주위의 눈은 마음에 안 차
며칠간을 걸으며 골랐지만

움켜쥘 수 있는 눈은
어쩐지 새하얗지만은 않더라

그렇게 군데군데 얼룩이 있는
얇은 이불을 지어 덮고서는

봄볕을 기다린다

흰 눈

아무리 옷을 겹겹이 입어봐도
얼음보다 차가운 바람이 비바람 불듯이
흰 눈이 나에게 불어온다

예고 없이 찾아와 더 반가운,
언제 왔는지 모르게 떠나가 아쉬운

함께였다면, 그랬더라면 좋았을 텐데
다음 새하얗고 예쁜 흰 눈은 함께 내려 보자
그래보자

겨울에 두고 간 것들

나의 한숨이
하얀 안개처럼 어릴 때
비로소 겨울이구나 합니다

미처 녹지 못한 감정들이
발끝에 채이며 흩뿌려질 때
비로소 겨울이구나 합니다

겨울이 손끝에 다다를 때면
객년의 아쉬움과 미련들이
미처 채우지 못한 마음의 온도에
결정되어 내리곤 합니다

겨울에 두고 간 것들은
이처럼 혀끝에 맴도는 씁쓸함을
머금고 있습니다

이번의 겨울은
또 어떤 것들을
남기고 가게 될까요

이듬해에는
또 어떤 겨울을
떠올리게 될까요

그 안에 있는
우리들은 따스한 모습일까요

겨울에게 여러 질문을 두고 가렵니다

답은 주지 않으셔도 좋습니다
그마저도 내가 지을 몫이니 괜찮습니다

그저 흩뿌려지는
싸라기눈을 바라보며
그대를 보내겠습니다

겨울 다시 겨울

오늘도 익숙한 계절이 다가오고 있어
너의 흔적을 담았고 너를 그린 그 계절이
조금은 잊힌 걸까 아니면 무뎌진 걸까
너와의 이별 후 다시 겨울이 왔어
차가운 바람은 이별의 후회를 알려주지만
내 심장은 얼어붙어서 그 겨울에 멈춰있어
내 마음의 계절은 언제나 겨울이야
눈이 내리면 너의 모습이 생각이 나겠지만
마음속에서는 멈춰있는 겨울은
너의 흔적을 지우려 하겠지

따뜻한 모닥불

계절 중에
하나 겨울이 온다네

추울 때
나무가 활활
타오르는 곳
모닥불 앞

추운 겨울 조용히
녹아 내려 준다네

불타는 소리에 맞춰
나무가 타오르네

하늘 높이
피워오르는 불꽃이
되어

겨울 아이

아이야
네가 창문을 열고 닫을 때마다
겨울이 한 걸음 성큼 가까워오는구나

겨울 바람이 무섭다 말하면서도
따뜻한 눈송이를 사랑한 나의 아이는
창 한 켠 눈꽃처럼 피어나고
가느다란 실핏줄
따라 방울방울 눈물지고
온통 녹아버리기 전에 창문은 닫아 두어야지

겨울은 얼어붙은 것과 녹아내린 것
그 사이 살갗을 쓸어내고 간다

흠뻑한 웅덩이로 고인 눈사람
위로 오똑한 봄의 맛과
처마 밑으로 흥건한 눈물 흔적
창에 입김을 불어
가족사진을 그리던 아이
그 자리에서
홀로 창을 닦아내는 초췌한 마음

아이야
겨울이 참 차가웁구나
얼른 이리와 난로 곁에 앉으렴

눈

높고 청명했던 그대 마음
지금
순수하고 하얗게만 보입니다
너무 투명한 아름다움
그 순수한 마음이
누굴 향한 그리움의 시작일까요?
내 눈앞에 소리없이 뿌려집니다.
그대의 수줍은 마음
내게 다가와 살며시 감싸지만
그 맘도 잠시뿐!
모른채 훌훌 털어내는 내모습
그대는 그렇게
내곁에서 멀어집니다.
그대는 진정 누굴 향한 마음일까요?
그 사람에게 훌훌 외면당할까봐
쉽게 다가가지 못하고
먼 산위에
앙상한 나뭇가지에
자연의 한 길가에
때론 그 사람의 머무는 가까운 곳에
하얗게 쌓인채 기다리는 그 마음

헤아리지 못해 미안합니다.
분명 그사람 그대 향한 마음에
알아보고 머물수 있기를
수줍은 그대 생각에
하얀 그리움이 쌓여갑니다.

겨울나기

첫눈에 사랑을 약속하고
그 겨울에 끝자락에
서로는 소나무와
잣나무가 되어버려

겨울에도 봄이라 착각하고
하염없이 내리는
흰 눈송이 하나하나가
우리가 걸어온 길의
별자리 등불이었으니

차라리 평생이
겨울이었으면

덕분에 춥다는 핑계로
당신을 품는다며
푸름을 한겨울에도
보고자했다.

하양에 지워지시 읺는
초록은 개화한 채로
겨울나기를
매해 반복했다.

애별리고

드라이아이스에 오래 손을 대고 있으면 화상을 입는다는 사실 알고 있어?

따뜻한 마음을 차가운 숨결로 포장한 계절
김이 솔솔 나는 건 뜨거워서인지 차가워서인지

다른 계절 따위는 몰락한 왕조의 유적인 것처럼
겨울이 오면 잠깐 머무는 것들에 대해 생각해

영원하지 않아서 아름다운 순간이 있고
구태여 영원했으면 하고 붙잡는 마음이 있다

겨울이 길어지고 있어 밤이 길어지고 있고
예전엔 지구의 하루도 23시간이었다는데
어쩌면 갈망하던 영원한 것이 존재할지도 모른다는 생각을 하다가

그럼에도 불구하고 겨울
무엇이든 아물기 좋은 계절이므로
작별도 겨울에 할 것

천공

너의 짧은 낭독에
내 겨울이 뒤집혔다

고개 숙인 생각으로
초점 없는 하얀 눈에 강물이 흐른다

뒤집힌 겨울이
투명한 고드름을 만들었다

세상 모든 하얌 속에
하나의 날카로운 불문명함

내게서 뛰어 나왔지만
네게서 와 심장을 찌른다

분명 흐른 건 뜨거움이지만
버려진 차기움에 구멍이 뚫렸다

차가운 아물음에 미소짓지만
가슴의 구멍은 동그랗다

겨울의 끝자락에서

눈발이 점점 희미해지던 날
그제야 깨달았어
아, 우린 이제 정말로 이별이구나
나는 버티기 위해 이별을 부정해야만 했어

겨울이 영원하길 빌었어
겨울이 길어진다면
나는 추위에 아파할 테지만
널 더 오래 추억할 수 있을 거라고 생각했거든
너와 함께한 시간은
그 추억에 얼어버린 나와
하얗게 변한 세상에 남아
녹아내릴 때까지 함께 머물겠지만
이제 더는 손을 맞잡고 온기를 나눌 수 없어

이제 겨울의 끝자락에서
나는 네 빈자리를 느끼며
쓰린 마음을 혼자 감당해야겠지
그래도 기억해 주길 바라
겨울을 사랑했던 우리가
서로에게 남긴 온기를
너와 함께했던 그 낭만을
나는 여전히 사랑하고 있다는 걸

초겨울 밤의 꿈

낙엽은 다 졌고요
창밖에는 싸늘한 바람이 불고요
별도 잠든
어둠의 밤
가로등이 외롭고요
눈(雪) 한 송이 흩날린 것 같기도 하고요

잠을 잊고 웅크리는 마음
그리움의 문을 열고 그대 나와 포근히 안아주는데
어느새 햇살이 창을 넘고 와
어깨에 기대고 잠들어 있네요.

겨울에서의 마무리

사박사박 소리를 내며
눈길 위를 걸어본다

유난히 추운 이번 겨울엔
내가 좋아하는 하얀 눈들과 함께
얼어붙은 지난 12개월이란 시간이

땅 위 초록 풀숲의 봄, 여름
붉디붉은 단풍잎의 가을 흔적들을 지운다

차마 잊을 수 없어 차디차운 그 고운 손으로
보드라운 하얀 눈을 조심히 치워본다

눈 속에 조심스레 숨어있는
얼어붙은 지난 12개월이란 시간은

그저 행복한 흔석이기에

난 그 흔적을 조심히 눈으로 덮어주고
다시 한번 사박사박 소리를 내며
눈길 위를 걸어본다

이제서야 보내드립니다

누군가 정해놓은 시간의 마지막 즈음
지난날의 미련한 후회와
어리석었던 순간들을
두서없이 적어 내려봅니다

속절없이 흘러버린 열하나의 시간들을
주제넘게도 안타까워하며
연필 끝에 맴도는 말들을
끝내 적어내지 못하고
입속에 머금어
저 목 끝으로 넘겨봅니다

흘러가는 세상의 모든 것 앞에서
알량한 미련 따위는 아무 의미 없구나
속 쓰리게 깨닫게 되지만
이 계절에는 많은 것을 보내줘야 함을 알기에

오늘보다 어린 나의
어리숙하고 서툴렀던 순간들이 담긴
종이로 비행기를 접어
멀리 날려 보내며
얕게 손을 흔들고 있습니다

목 가장 끝자락에 남겨두었던 말들을
이제는 뱉을 수 있습니다

겨울이란?

@parkchx1 겨울은 사랑을 물리적으로 전달할 수 있는 계절이다.

@eana1231 겨울은 누군가에겐 혹독함의 끝을 기다리게 하고, 누군가에겐 천진난만한 기대를 품게하는 달콤쌉쌀한 양면의 계절이다.

@poetry_writing0526 겨울은 누군가에겐 달콤함을, 누군가에겐 쌉쌀함을 주는 계절이다.

@kimlove.7 겨울은 미스터 투의 하얀 겨울을 생각나게 하는 계절이다.

@seoni832 겨울은 되돌아봄이다.

@theday1440 겨울은 눈 내리는 밤, 별들이 얼어붙은 하늘에서 자신을 부수어 빛의 조각으로 흩뿌리는 계절이다.

@chldw138 겨울은 씨앗이다.

@hash_taeki 겨울은 낙엽이 비로소 쉬는 계절이다.

@hyun.j2580 겨울은 모두가 첫눈을 기다리는 계절이다.

@writing_breath_talk 겨울은 햇살 한 조각의 따숨조차도 소망이 되는 계절이다.

@pkheymin 겨울은 매서운 추위와 따끈한 것들이 공존하는 계절이다.

@lily_love7942 겨울은 누군가가 더 그리워지는 계절이다. 눈이 내려서~~

@ty4_bluky 겨울이란 새로운 시작 전 모든 것을 묻어두는 곳이다.

@yh_24_ 겨울은 바다이다. 많은 눈이 내리고 난 후 보는 모습이 바다와 닮아 보였어.

@davin2dabeen2 겨울은 한 해를 되돌아보며 연말을 맞고, 목표와 다짐으로 새해를 맞는 자아 성찰의 시간이다.

@hja2351 겨울은 마음쓰기다. 지난날과 앞으로의 새로움을 연결하여 마음을 보듬어가는 계절이다.

@chldw138 겨울은 씨앗이다.

@bogo_sseuda 겨울은 사랑하는 사람들을 떠올리게 하는 매개체이다.

#인스타그램 아이디로 표기하였습니다.

@nancy_yny 겨울이란 또 한 번의 봄을 맞이하기 전에 가지는 쉼이다.

@l___gyeom 겨울은 봄을 느끼게 해주는 계절이다.

@yeoni2408 겨울은 고독하지만 그 속에 밝음이 피어오르는 계절이다.

@writer__sia__1005119 차가운 몸을 따뜻한 너의 온기로 마음이라도 녹이는 따뜻한 계절.

@bongsweetie 겨울은 다시 보는 공간, 시간이다.

@a_rainbowmind 겨울은, 누구나 하나쯤 간직하고 싶은 아련한 추억이 담긴 보물 상자 같아.

@otto_rosa2 겨울은 마침내 싹 틔울 생명을 애틋하게 안고 있는 자궁이다.

@letter_from_ch 겨울은 시작이다.

@onyo_u25 추운 날씨에도 따뜻한 온기를 그리며 살아가는 나날들이다.

@hide_n_c.o 겨울은 이면의 고독이다.

@2.han_s2 미처 끝맺지 못한 것들과 안녕을 고해야만 하는 새하얀 작별.

@kwanghyun2_ryu 겨울은 하얀 설레임이다.

@heeeho__ 겨울이란 마지막 12월도 있고 새로운 1월도 있기에 모든 감정의 집합이다.

@eunji5732 겨울이란 따뜻한 마음과 따뜻한 사랑을 주는 계절입니다.

@from._zeze 겨울은 몸은 춥지만 마음은 따뜻한 날이다.

@hawthorn_2002 겨울이란 일년을 마무리 하는 시기이다.

@sk10630 겨울은 다가오는 사랑을 더욱 포근하게 맞이하기 위한 쉬어감이다.

@_._boki_._ 겨울은 안녕하길 바라는 시기이다.

@eunhee_cho 겨울은 어른들이 잠시나마 동심으로 돌아갈 수 있는 춥지만 마음 따스한 계절이다.

@clumsyalice 겨울은 친구와 함께할 때 추위마저 포근한 순간으로 변하는 선물이다.

#인스타그램 아이디로 표기하였습니다.

@frencheve77   겨울은 내 마음을 들여다보며 쉬어가는 따뜻한 시간이다.

@kayanlinda   겨울은 산타의 포옹에 있고 방울 소리가 들리면서 온 선물이다.

@yj_sung_1339_   겨울은.. 눈사람 만드는 계절 !!

@moon_b10   겨울은 너와 함께하고 싶은 계절이다.

@paint.msm   겨울은 차가운 숨결 속에서도 달빛이 속삭이는 사랑을 들을 수 있는 계절이다.

@s_o_rluv   겨울은 지난 안녕을 오래도록 앓는 계절이다.

@ji11_29   겨울은 첫사랑의 이별처럼 시리다.

@kim.yeojin   겨울은 차갑고 고요한 가운데 역동적인 생명이 춤추는 때.

@lovely_me_mi2   눈꽃이 피어나 마음속 따스함이 깊어지는 계절.

@yehyeon___   겨울은 미움을 소거하고 온기를 실감하게 하는 계절이다.

@7ian_25 추운 겨울 도서관의 끝자락에서 만난 너와 나의 향기를 조금씩 더하면 우리가 되더라고, 사랑해 내 행운.

@jiranjigyo7 겨울은 한 해의 끝과 시작을 잇는 이음매이자 설렘의 계절이다.

@vjscl07 겨울은 맨발로 서있던 나무들이 추운 날을 견디고, 따뜻한 손길과 눈빛 하나에 마음속 꽃을 피우게 하는, 멈춘 듯 보이는 모든 것을 움직이게 하는 삶, 희망, 봄이 숨어있는 조용하고 묵직한 기다림의 계절이다.

@g.eunja 겨울은 온 세상을 하얗게 밝혀주는 빛이며 어른 아이의 동화와 선물 같은 계절이다.

@sinyeonhyi1575 겨울은 새로움으로 거듭나기 위한 준비와 기다림의 미학(美學)이다.

@such_a_poet 겨울은 또 다른 시작이다.

@writing_your_lirics 겨울은 인생에 있어 시리고 아픈 계절이지만, 그것을 이기고 나면 가장 따뜻한 봄이 온다는 것을 알려주는 계절이기도 하다.

@sissneunnom 겨울은 겨우 달랜 마음이 울지 못해 차가운 시간이다.

#인스타그램 아이디로 표기하였습니다.

마음시집선 005
겨울

초판 1쇄 2024년 12월 20일

지은이_ 하진용 외 56명
펴낸곳_ 도서출판 마음
전자우편_ maeumnbook@gmail.com

ISBN_ 979-11-979522-8-9 (03810)

ⓒ 도서출판 마음, 2024

이 책의 판권은 지은이와 도서출판 마음에 있습니다.
양측의 서면 동의 없는 무단 전재 및 복제를 금합니다.
마음시집선 참여 작가들의 인세는 매년 기부됩니다.